Dr. med. Franziska Rubin

BEGLEITBUCH

AF217180

ERSTE-HILFE-BOX
HILFE-BOX
FÜR DIE SEELE

Einfache Soforthelfer
für schwierige Momente

KNAUR
MENSSANA

Besuchen Sie uns im Internet:
www.mens-sana.de

Aus Verantwortung für die Umwelt hat sich die Verlagsgruppe Droemer Knaur zu einer nachhaltigen Buchproduktion verpflichtet. Der bewusste Umgang mit unseren Ressourcen, der Schutz unseres Klimas und der Natur gehören zu unseren obersten Unternehmenszielen.
Gemeinsam mit unseren Partnern und Lieferanten setzen wir uns für eine klimaneutrale Buchproduktion ein, die den Erwerb von Klimazertifikaten zur Kompensation des CO_2-Ausstoßes einschließt.
Weitere Informationen finden Sie unter: www.klimaneutralerverlag.de

Originalausgabe Dezember 2023
© 2023 Knaur MensSana
Ein Imprint der Verlagsgruppe Droemer Knaur GmbH & Co. KG, München
Alle Rechte vorbehalten. Das Werk darf – auch teilweise –
nur mit Genehmigung des Verlags wiedergegeben werden.
Covergestaltung: ZERO Werbeagentur, München
Coverabbildung: Susanne Schramke
Layout und Satz: Veronika Preisler, München
Druck und Bindung: Print Factory, Istanbul, Printed in Turkey
ISBN 978-3-426-65913-7

5 4 3 2 1

INHALT

DEN KRAFTRÄUBERN
KEINE CHANCE!

Im Leben läuft es nicht immer nach Plan oder ist alles easy. Manchmal wirft einem der Alltag Knüppel zwischen die Beine, man trifft vielleicht eine falsche Entscheidung, ist unglücklich verliebt oder hat einfach einen Durchhänger. Auch das gehört zum Leben und ist normal. Manchmal kann es aber passieren, dass uns Herausforderungen oder Krisen so durcheinanderbringen, dass wir nicht mehr zur gewohnten Stabilität zurückfinden. Dann können wir uns zu nichts mehr aufraffen, sind vom Mut verlassen, fühlen uns ständig gestresst, vielleicht ängstlich, kraft- und energielos.

Die Erste-Hilfe-Karten in dieser Box helfen bei all diesen kleinen und großen Krafträubern, die jeder kennt: bei Kummer, Überforderung, Stress und Burnout, Angst und schwachen Nerven, einem überforderten Immunsystem, gegen Antriebslosigkeit und Niedergeschlagenheit.

Mit dem Kartenset können Sie gleich loslegen. Als Erstes machen Sie sich auf die Suche, welche Erste-Hilfe-Karten Ihnen am besten helfen können. Dazu gibt es einen Test. Wenn Sie die Auswertung erledigt haben, erfahren Sie gleich, welche Tipps in Ihrer Situation am besten passen und für Sie als Erstes an der Reihe sind. Im Kartenset finden Sie vier Kategorien:

Rubrik 1 Schutzschild	**Rubrik 2** Seelentröster	**Rubrik 3** Tankstelle	**Rubrik 4** Glücksbringer

Beobachten Sie sich, wenn Sie mit den Karten arbeiten, halten Sie regelmäßig Rückschau. Wie geht es Ihnen damit? Was hat das Zeug dazu, zur guten, stabilisierenden Gewohnheit zu werden?

Ihre Lieblinge behalten Sie einfach bei und integrieren sie regelmäßig in den Alltag, so werden Sie zur unverzichtbaren Selbstverständlichkeit und helfen Ihnen, kraftvoll und mit positiven Gedanken durchs Leben zu steuern.

In diesem Booklet erfahren Sie, auf welcher Grundlage die Kraftmacher wirken und was die Wissenschaft hierzu Spannendes gefunden hat. Sichere Erste-Hilfe-Anlaufstellen, wenn es mal gar zu dick kommen sollte, finden Sie außerdem ab Seite 45 f.

Alles Gute wünscht Ihnen

TEST: WELCHE KRAFTMACHER BRAUCHE ICH?

So, jetzt geht's los. Als Erstes schauen Sie im nachfolgenden Test, wo Sie gerade stehen und was Sie am meisten beschäftigt und vielleicht auch schwächt. Danach wissen Sie gleich, welche Kraftmacher Sie sich zuerst vornehmen können: Schutzschilder, Seelentröster, Tankstellen oder Glücksgaranten? Haben Sie eine Kraftmacher-Rubrik eine Woche lang ausprobiert, können Sie die nächste angehen. Behalten Sie die Karten vorne, die Ihnen am besten geholfen haben, und wiederholen Sie diese bei Bedarf.

Der Test funktioniert so: Ordnen Sie jede der folgenden 28 Aussagen und Fragen spontan und ehrlich so ein, wie es für Sie aktuell stimmt. Prüfen Sie, ob die jeweilige Aussage gar nicht zutrifft, manchmal oder häufig, und kreuzen Sie das jeweilige Kästchen rechts an. So finden Sie heraus, worin momentan Ihre persönlichen Krafträuber bestehen. Dazu gehören Stress und chronische Überlastung, mangelnde Motivation, Niedergeschlagenheit und schlechte Stimmung, Ängste und Sorgen oder allgemeine Schwäche und Infektanfälligkeit. Die Auswertung auf Seite 11 hilft Ihnen dabei, die jeweiligen Punktzahlen zuzuordnen und die richtigen Kraftmacher für Sie herauszufinden.

RUBRIK 1:
SCHUTZSCHILD

	selten/gar nicht	manchmal	häufig
Ich fühle mich bedrückt, schwermütig und traurig.	☐	☐	☐
Ich finde mich nicht liebenswert.	☐	☐	☐
Manchmal tut mir grundlos alles weh.	☐	☐	☐
Ich sehe voller Sorge und mit mulmigem Gefühl in die Zukunft.	☐	☐	☐
Die Dinge gehen mir nicht mehr so leicht von der Hand wie immer.	☐	☐	☐
Ich bin gereizter als gewöhnlich.	☐	☐	☐
Es fällt mir schwer, Entscheidungen zu treffen.	☐	☐	☐

Punkte:

RUBRIK 2:
SEELENTRÖSTER

Ich fühle mich körperlich erschöpft.

☐ ☐ ☐

Ich fühle mich emotional ausgelaugt und auch im Privatleben überfordert.

☐ ☐ ☐

Ich verspüre Herzrasen und/oder ein allgemeines Unwohlsein.

☐ ☐ ☐

Ich fühle mich geschwächt und habe das Gefühl, ich fange mir schnell Infekte ein.

☐ ☐ ☐

Morgens schon bin ich voller ermüdender Sorgen über den bevorstehenden Tag.

☐ ☐ ☐

Ich habe öfter Muskel- oder Gelenkschmerzen, ohne dass der Arzt etwas findet.

☐ ☐ ☐

Ich habe nicht mehr genügend Energie für Familie und Freunde in meiner Freizeit.

☐ ☐ ☐

Punkte:

RUBRIK 3: TANKSTELLE

selten/gar nicht · manchmal · häufig

	selten/gar nicht	manchmal	häufig
Ich fange mir bei jeder kleinen Wetterveränderung oder Stress eine Erkältung/einen Infekt ein.	☐	☐	☐
Mein Magen-Darm-System macht mir oft zu schaffen mit Schmerzen, Durchfall oder Verstopfung.	☐	☐	☐
Gesund und abwechslungsreich zu essen finde ich schwierig.	☐	☐	☐
Ich muss mich öfter mal krankschreiben lassen oder sitze krank im Homeoffice.	☐	☐	☐
Aus gesundheitlichen Gründen muss ich öfter private Verabredungen absagen.	☐	☐	☐
Ich schlafe oft schlecht, weil ich nachts häufiger aufwache.	☐	☐	☐
Früher war ich viel leistungsfähiger und weniger anfällig.	☐	☐	☐

Punkte:

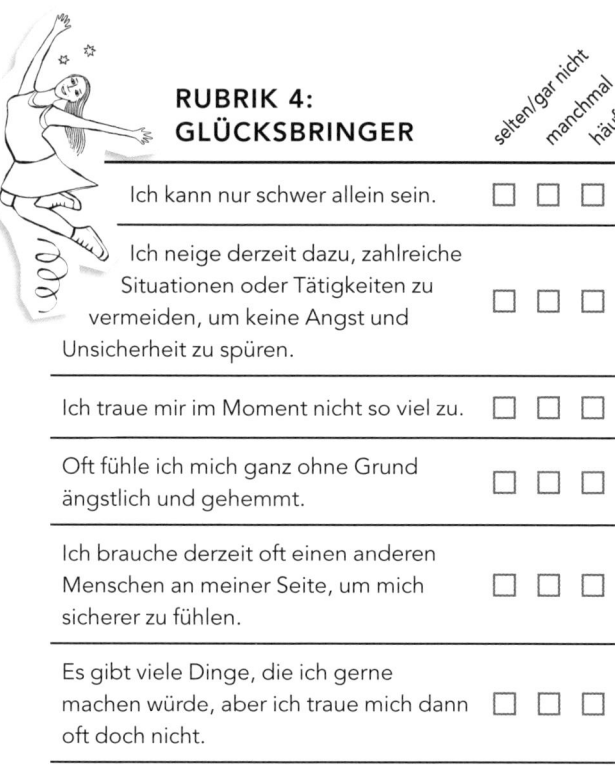

RUBRIK 4:
GLÜCKSBRINGER

	selten/gar nicht	manchmal	häufig
Ich kann nur schwer allein sein.	☐	☐	☐
Ich neige derzeit dazu, zahlreiche Situationen oder Tätigkeiten zu vermeiden, um keine Angst und Unsicherheit zu spüren.	☐	☐	☐
Ich traue mir im Moment nicht so viel zu.	☐	☐	☐
Oft fühle ich mich ganz ohne Grund ängstlich und gehemmt.	☐	☐	☐
Ich brauche derzeit oft einen anderen Menschen an meiner Seite, um mich sicherer zu fühlen.	☐	☐	☐
Es gibt viele Dinge, die ich gerne machen würde, aber ich traue mich dann oft doch nicht.	☐	☐	☐
Ich kann das Sorgenkarussell in meinem Kopf nicht stoppen oder kontrollieren.	☐	☐	☐

Punkte:

AUSWERTUNG:
DAS TUT MIR JETZT GUT

Zählen Sie nun bei jeder Kraftmacher-Rubrik die Punkte zusammen.

- Für jedes »selten/gar nicht«, das Sie angekreuzt haben, gibt es 0 Punkte.
- Für jedes »manchmal« gibt es 2 Punkte.
- Jedes »häufig« macht 4 Punkte.

Zählen Sie die Punkte unter jedem Kraftmacher zusammen und tragen Sie sie auf der entsprechenden Linie ein. Dann vergleichen Sie die Ergebnisse.

18 bis 28 Punkte: Ihnen geht es wirklich nicht besonders! Am besten starten Sie gleich und konsequent mit der punkthöchsten Rubrik, um wieder zu Kräften zu kommen.

8 bis 18 Punkte: Ihre Situation ist nicht dramatisch, aber könnte viel besser sein. Starten Sie mit der wichtigsten Rubrik (am meisten Punkte) um neue Energie zu erhalten und um vorzubeugen, dass Ihre Ressourcen nicht weiter schwinden.

So gehts: Wenden Sie sich als erstes der Rubrik zu, bei der Sie die meisten Punkte haben, gefolgt von der nächsthöheren und so weiter.

0 bis 8 Punkte: Glückwunsch, Ihnen scheint es im Großen und Ganzen gut zu gehen, und Sie sind »in Ihrer Kraft«. Bedienen Sie sich gerne nach Belieben aus dem Kartenset. Mehr für Ihren Energiehaushalt und Ihre Lebensqualität zu tun, ist nie verkehrt! Im

Gegenteil, so bleiben Sie in Ihrer Kraft. Sie können es auch spielerisch angehen und die Karten mischen und morgens einen Kraftmacher ziehen und diesen ausprobieren, ganz wie Sie mögen.

So ist jede Karte aufgebaut:

VORDERSEITE
Hier finden Sie diese Infos:
- Was der Kraftmacher kann
- Warum er funktioniert
- Wie er wirkt

RÜCKSEITE
Jetzt erfahren Sie, …
- … wie die Anwendung oder das Rezept geht und was Sie dazu brauchen.
- Und dann geht es auch schon los!

SO FUNKTIONIEREN
DIE ERSTE-HILFE-KARTEN

In der Box finden Sie 21 Karten mit wissenschaftlich geprüften Lebensstiltipps, die rasch wirken, wenn wir das Gefühl haben, kraftlos, erschöpft oder psychisch wackelig auf den Beinen zu sein. Es gibt vier Rubriken mit jeweils fünf Karten, die auf unterschiedliche Bedürfnisse zugeschnitten sind.

Auf den Karten unter der Rubrik Schutzschilder finden Sie Rezepte und Anwendungen, die gut gegen die Energieräuber Stress und Burn-out helfen. Seelentröster bieten fünf Karten mit Anwendungen und Psychotipps, wenn Ängste und schwache Nerven es schwer machen, wieder in die eigene Kraft zu kommen. Tankstellen helfen mit Rezepten und Übungen von innen und außen, die Batterien wieder aufzuladen und das Immunsystem zu stärken. Und Glücksgaranten haben fünf Wohlfühleinheiten im Gepäck, die Wunder wirken bei Antriebslosigkeit und Niedergeschlagenheit.

Karte 21 ist ein Kraftspender, der in allen Lebenslagen hilft. Probieren Sie ihn aus!

Wenn der Test Ihnen gezeigt hat, welche Kraftmacher Ihnen aktuell besonders guttun könnten, nehmen Sie die Karten aus der Box, in deren Rubrik Sie die meisten Punkte zusammengezählt haben. Sehen Sie sie durch und entscheiden Sie spontan, womit Sie loslegen möchten. Nehmen Sie sich jeden Tag einen Kraftmacher vor und wiederholen Sie nach fünf Tagen die,

die Ihnen am meisten zugesagt haben. So bilden sich in Ihrem Gehirn neue »Gewohnheitsbahnen«, die erlernten Tipps dürfen sich hier verankern und zukünftig Ihr Energiedepot befüllen helfen.

KRAFTRÄUBER IM VISIER

Mit den 21 Karten in dieser Box können Sie Ihr Gehirn trainieren, bestimmte Energieräuber entmachten und Ihre Lebensenergie bewusst schützen. Bei jedem von uns sind Kraftquellen oder Ressourcen manchmal rar, weil wir sie zwar neu bilden können, aber immer auch verbrauchen, wenn wir etwas leisten oder uns anstrengen. Deshalb ist es wichtig, die Macht von Krafträubern möglichst klein zu halten und vor allem die eigenen Reserven bewusst zu bewahren und regelmäßig wieder aufzufüllen. Dabei kann Ihnen das Erste-Hilfe-Kartenset mit seinen besonderen Impulsen eine gute, schnell wirksame Unterstützung bieten. Denn, wie wir mit unseren Kräften umgehen und ob es uns gut gelingt, unsere Batterien wieder aufzuladen, ist wesentlich für unser psychisches und körperliches Wohlbefinden.

»Ein Mensch mit viel Lebensenergie besitzt das Potenzial, um glücklich und zufrieden zu sein, seinen Alltag zu meistern und vor allem: das Leben zu genießen.«

Die Lebensenergie pflegen

In den Heilkundesystemen aus dem alten Indien und China ist die Pflege der Lebensenergie essenziell und seit Jahrtausenden eine wichtige Säule im Ayurveda, in der traditionellen chinesischen oder tibetischen Medizin. Aber auch in unseren klassischen Naturheilverfahren steht die Aktivierung und Pflege der Lebenskraft schon immer im Mittelpunkt. So entwickelte der »Wasserdoktor« Sebastian Kneipp vor circa zweihundert Jahren ein bis heute angewendetes und gültiges Heilsystem, das den Menschen auf verschiedenen Ebenen stärken kann.

Heute wissen wir dank der molekularbiologischen Forschung, dass in jeder Zelle von uns messbare Lebensenergie steckt. Sie heißt Adenosintriphosphat (kurz: ATP) und ist die »Energiemünze« für jede Muskel-, Nerven-, Sinnes-, Stamm-, Blut- oder Knochenzelle. Um sie herzustellen, besitzt jede Zelle Energiekraftwerke (Mitochondrien). Diese benötigen ein breites Nährstoffspektrum aus Vitaminen, Mineralstoffen und Spurenelemente sowie Sauerstoff, um gut funktionieren zu können. Schäden an den Mitochondrien entstehen, wenn Nährstoffe fehlen, Bewegung und Sauerstoff – und wenn der psychische Druck zu hoch wird. Dann brennen die Energiekraftwerke aus …

Die Kraft, die uns antreibt

Auftanken können wir unsere Reserven durch Energiequellen von außen, aber auch durch solche, die von innen wirksam sind – unser Verhalten und unsere Gedanken. Nach Ansicht vieler Psychologen und Psychologinnen sind für unser Verhalten und unsere Motivation bestimmte Grundbedürfnisse verantwortlich. Ein bekanntes Modell, das diese in eine pyramidenförmige Struktur gebracht hat, ist das des US-amerikanischen Psychologen Abraham Maslow (1908–1970). Er hat erkannt, dass bestimmte Grundbedürfnisse von uns befriedigt werden müssen, damit Körper und Geist gesund bleiben. Jeder Mensch braucht als Erstes Nahrung, Wasser und Sauerstoff, um überhaupt leben zu können. Er benötigt aber auch Sicherheit, Beziehungen zu anderen Menschen und Anerkennung. Um unsere Persönlichkeit weiterzuentwickeln und einen Sinn im Leben zu finden, brauchen wir außerdem die Möglichkeit, unsere Talente und Potenziale zu nutzen. Diese Grundbedürfnisse sind es, die uns antreiben und für alle unsere Gefühle und Verhaltensweisen verantwortlich sind. Werden sie verletzt, kann das die Psyche belasten oder gar krank machen.

Durch unseren Lebensstil können wir viel tun, um sie zu erfüllen, genauso wie durch unsere innere Einstellung. Darüber regulieren wir auch unsere Lebenskraft. Das merken wir, wenn es uns gut geht. Dann strahlen wir diese Kraft auch aus, und andere Menschen spüren sie. Wenn wir »in unserer Kraft sind«, wie es so schön heißt, dann fühlen wir uns lebendig, stark, gesund und voller Tatendrang, wir sind positiv gestimmt. Auch mit Belastungen und Stress, die ja nun mal zum Leben dazugehören, können wir so gut umgehen, weil sie uns nicht gleich umwerfen. Mit dieser Kraft erledigen wir alles, was im Alltag an Aufgaben und Pflichten ansteht, und wir können sie nutzen, um unsere Beziehungen zu pflegen oder Ziele zu erreichen.

Sobald uns die Kraft aber verlässt, passiert genau das Gegenteil. Wir sind schlapp, ermüden leicht, können uns vielleicht nicht mehr so gut aufraffen, ziehen uns ins Schneckenhaus zurück. Das Gedankenkarussell dreht sich in Negativspiralen, Ängste und Sorgen machen das Leben schwer, die Hoffnung auf bessere Zeiten schwindet, wir werden anfälliger für Krankheiten. In solchen Momenten, die jeder kennt, ist es wichtig, seine Kräfte wieder in die richtige Balance zu bringen. Zunächst heißt dies erst mal, die Signale richtig zu deuten, die sagen: Schluss jetzt, ich kann nicht mehr. Denn kein Mensch kann ständig Höchstleistungen liefern. Wenn Körper oder Psyche also zeigen, dass es Zeit für eine Pause ist, dann sollten wir das ernst nehmen. Diese Pause können wir bewusst wahrnehmen und gut gestalten, um unsere Kraftreserven wieder aufzufüllen.

Krafträuber und Kraftgeschenke

Wer sich mehr Kraft im Leben wünscht, kommt schneller ans Ziel, wenn er versteht, was ihm oder ihr die Energie raubt. Krafträuber haben viele Gesichter. Das können Schicksalsschläge, aber auch Verhaltensweisen, bestimmte Situationen oder Menschen oder ganz einfach auch Gedanken sein. Wir erkennen sie daran, dass sie uns Kraft abzapfen und wir uns unter ihrem Einfluss müde und ausgelaugt fühlen. Kraftmacher dagegen sind Energiegeschenke, die uns (wieder) aufleben lassen. Das wohl bekannteste Beispiel für erstaunlicherweise beides ist Stress. Psychologen unterscheiden hier zwischen zwei Formen: Disstress und Eustress. Typisch für die negative Form Disstress ist ein Gefühl der Angespanntheit und irgendwann Erschöpfung, wenn er nicht nachlässt. Wir fühlen uns schlecht, sind unsicher, negative Emotionen überwiegen. Der gute Stress hingegen, Eustress, macht gute Laune und motiviert. Wir finden gute Lösungen und tanken innerlich auf, weil wir verliebt sind, etwas geleistet haben oder erfolgreich waren. Das Leben erscheint heiter und rosarot, wir haben so viel Kraft, als ob wir Bäume ausreißen könnten, und das wirkt auch positiv nach außen auf unser Umfeld. Wir fühlen uns gemocht und wertgeschätzt, weil wir eine gute Energie verströmen.

> »Wir können unsere Energie jederzeit
> selbst beeinflussen. Durch unsere Gedanken
> und unsere innere Einstellung und
> durch unseren Lebensstil.«

Wichtig: Manchmal kann man selbst nicht mehr Kraft schöpfen und braucht professionelle Hilfe. In diesem Fall sollten Sie sich auf keinen Fall scheuen, einen Experten oder eine Expertin aufzusuchen, der oder die Sie dabei unterstützt festzustellen, ob Sie vielleicht Profis und eine auf Ihre Bedürfnisse abgestimmte medizinische Therapie benötigen. Adressen, die hier weiterhelfen können, finden Sie ab Seite 45 f. in diesem Buch.

SO VERLEIHT DIE ERSTE-HILFE-BOX WIEDER FLÜGEL

Unser Körper ist das Zuhause unserer Gedanken und Gefühle, er kann sehr viel aushalten und verfügt, wenn er krank oder verletzt ist, über wundervolle Selbstheilungskräfte. Außerdem hat er noch ein hochsensibles Alarmsystem zu bieten. Er zeigt uns nämlich ganz früh, wenn etwas bei uns nicht im Lot ist, der Energiepegel gegen null geht und wir nicht mehr fit sind. Unser Körper ist jederzeit für uns da, auch wenn wir daran gerade in schwierigeren Zeiten nicht glauben mögen. Und weil sich Körper und Seele gegenseitig beeinflussen, sind sie nur gemeinsam stark.

Wir gehören zusammen:
Körper, Geist und Psyche

Erst in den letzten Jahrzehnten konnte die Forschung zeigen, dass Körper und Psyche eine untrennbare Einheit bilden. So hat beispielsweise unsere Psyche einen sehr großen Einfluss auf das Risiko für bestimmte Erkrankungen, insbesondere auf das Herz, den Rücken oder unser Immunsystem.

Wie wir Stress empfinden, wird maßgeblich durch unsere Gedanken und unsere psychische Grundausstattung mitgesteuert.

Bei jedem Stresserlebnis handelt es sich um eine körperliche Reaktion, die sich mit psychischer Anspannung, Gefühlen und Gedanken kombiniert – und die sind bei jedem Menschen anders. Umgekehrt hat aber auch der Körper einen großen Einfluss auf die Psyche. Wenn wir beispielsweise krank sind, unter Schmerzen leiden oder beim Atmen nicht richtig Luft bekommen, so beeinflusst das unser Denken und die Gefühlswelt. Das Risiko bei einer längeren körperlichen Erkrankung ist erhöht, dass auch die Psyche krank wird und beispielsweise mit einer Depression oder einer Angststörung reagiert. Umgekehrt kann man sich diese Einigkeit auch zunutze machen, indem man über körperliche Anwendungen die Psyche erreicht. So kann ein Lavendelwickel unser Nervenkostüm beruhigen, obwohl wir ihn »nur« auf die Haut auflegen.

Allein zu wissen, dass Körper und Geist ein Ganzes bilden, kann uns dabei helfen, auf beiden Ebenen gesund und stabil zu bleiben. Was wir dafür tun müssen? Freundlich und liebevoll mit uns und unserem Energiehaushalt umgehen und uns achtsam um ihn kümmern. Und ihm manchmal auch Beine machen. Auf alle Fälle immer gucken, was wir jetzt gerade wirklich brauchen.

Dem Gehirn auf die Sprünge helfen

Das Gute: Wo es hakt, können wir auch jederzeit etwas für uns tun. Die Erste-Hilfe-Karten mit ihren Impulsen können Ihnen dabei helfen, gesündere Gewohnheiten für Körper und Psyche zu etablieren. Sie müssen nur eins tun: sie regelmäßig üben. Hauruckaktionen bringen (wie immer) nicht viel. Wenn Sie aber regelmäßig dranbleiben, gesunde Gedankenmuster zu üben, Ihre Ernährung durch neue energiespendende Gerichte zu bereichern, Ihrem Gehirn Impulse zu geben für neue positive Verhaltensweisen oder Ihre Muskeln zu beachten, dann wandern diese langsam in den Alltag hinein und stärken als neue Kraftquellen Körper und Geist. Irgendwann sind die drei Minuten Yoga oder die kleine Atemübung kein Trainingsaufwand mehr für Sie, sondern ganz normal wie Zähneputzen. Das merken Sie daran, dass Sie mit diesen neuen Gewohnheiten und Ritualen zufriedener und ausgeglichener sind und sich auch körperlich besser fühlen.

SEELENENERGIE ZUM ESSEN

Essen und Trinken sind die essenziellsten Grundbedürfnisse. Aber nicht nur das, es kann positiv oder auch negativ auf unser (körperliches und psychisches) Wohlbefinden wirken. So fühlen Sie sich mit einem Power-Smoothie und einer Tasse gutem Tee morgens vermutlich energiegeladener als mit einem Schinken-Käse-Brötchen und einem Latte macchiato im Magen. Auch wenn das erst mal eine Umstellung bedeutet. Was wir essen und trinken, beeinflusst unser Körpergefühl genauso wie unsere Gefühlswelt, die ja im Gehirn entsteht. Offensichtlich gibt es ungeahnt viele Verbindungen zwischen Darm und Gehirn, sodass »Essen« tatsächlich »Gefühle macht«. Zusammen mit der Energie und den Vitaminen, Mineralien oder Pflanzenstoffen, die wir dabei zu uns nehmen, wappnen wir uns zudem gegen Stress und füttern unsere Zellkraftwerke. Es gibt Hinweise, dass die »richtige« Ernährung nachweislich helfen kann, psychische Erkrankungen zu heilen; außerdem können Sie sich durch sie bis zu einem gewissen Grad schützen und stärken. Die SMILES-Studie (Supporting the Modification of Lifestyle in Lowered Emotional States, was übersetzt so viel bedeutet wie Lebensstilveränderungen, in diesem Fall Ernährung, die die Therapie bei Depressionen unterstützen) zeigt beispielsweise, dass die richtige Ernährung mit vielen

Prä- und Probiotika wie zum Beispiel Hülsenfrüchten, Vollkornprodukten, Beeren und Joghurt durchaus vielversprechend ist für Menschen mit Depressionen wie auch für Gesunde. So verblüffte das Ergebnis, dass sich die depressiven Symptome der Kontrollgruppe mit der mediterranen Ernährung in wenigen Wochen deutlich verbesserten.

Nahrung für Leib und Seele

Eigentlich ist es gar nicht so schwer. Wir müssen die Nährstoffe zu uns nehmen, die unseren Körper, dessen Zellen sich ständig erneuern, am besten versorgen. Heute sind sich Ernährungswissenschaftler und -medizinerinnen darüber einig, dass es bei gesundem Essen in erster Linie auf drei Dinge ankommt: Abwechslung, Balance und Frische. Gut untersucht wurde die Mittelmeerkost, wie sie in Italien, Frankreich, Israel, der Türkei, Spanien oder Griechenland üblich ist. Und weil diese Länder das Mittelmeer umrunden mit dem ihm besonderen Klima, werden all diese Ernährungsweisen als mediterrane Kost zusammengefasst oder auch als Kreta-Diät bezeichnet. Dies liegt wiederum daran, dass die Bewohner der Insel Kreta eine besonders hohe Lebenserwartung haben. Die Ernährung ist abwechslungsreich und frisch, pflanzenbasiert mit reichlich vitamin- und ballaststoffreichen Gemüsen und Kräutern, eiweißreichen Hülsenfrüchten und Getreide und Obst, dazu gesunden Fetten aus Olivenöl, wenig Fleisch, aber Fisch und Milchprodukten. Dieser Mix sorgt für eine gute Nährstoffversorgung.

Nicht zu vergessen, die soziale Komponente des Essens: Es kann natürlich noch mehr, als uns nur mit Nährstoffen zu versorgen. Es bringt die Menschen am Tisch zusammen, das Kochen selbst ist kreativ und kann beim Runterkommen nach einem anstrengenden Tag helfen. Das »soziale Lagerfeuer« führt laut Experten automatisch dazu, dass wir einen gesünderen Umgang mit unserem Essen pflegen. Wer für sich selber kocht, isst meistens gesünder, außerdem lernt man frische Lebensmittel mehr zu schätzen. So nahmen die Teilnehmer einer Studie, die öfter pro Woche bei sich kochten, weniger Zucker, Fett und Kalorien auf als die Personen, die nicht selbst gekocht haben.

Damit Ihre Stimmung also stabil bleibt und Sie immer gut versorgt sind, gönnen Sie sich dafür auch Zeit: Lassen Sie Ihre Mahlzeiten zu Antistressphasen werden und genießen Sie jedes Essen mit allen Sinnen. Ja, und natürlich bietet die Lebensmittelindustrie viele Produkte an, mit denen alles viel schneller geht. Nur sind in Fertiggerichten oft zu viel Zucker, tierische Fette, Salz und unerwünschte Zusatzstoffe enthalten. Ernährungspsychiater wissen, dass eine Ernährung mit einem großen Anteil an industriell gefertigten Lebensmitteln insbesondere dem Gehirn nicht das geben kann, was es braucht, um gut zu funktionieren. Behalten Sie diese »Verführer« deshalb im Auge und nutzen Sie diese nicht regelmäßig. Nur wenn es mal sehr eilig ist. Ansonsten gilt: Selber kochen macht glücklich. Aber ohne Stress. Überlegen Sie, was Sie schon alles rund um Essen und Trinken gut machen, und machen Sie sich nicht verrückt. Beginnen Sie langsam mit Rezepten, die Ihnen gut schmecken. Und gehen Sie mal wieder auf den Markt – da gibt es fast nur Lebensmittel wie auf Kreta! Auf Karte 17 finden Sie einen leckeren Kraftmacher dazu.

WARUM BEWEGUNG DER PSYCHE GUTTUT

Körperliche Aktivität und Sport halten nicht nur den Körper in Form. Auch unsere Psyche profitiert enorm, wenn wir regelmäßig die Muskeln spielen lassen. Wer bewusst in Bewegung bleibt, lernt seinen Körper wert-zuschätzen. Außerdem tanken wir Sauerstoff und da-mit Energiebausteine für unsere Zellkraftwerke, bau-en Spannungen ab und stärken die Widerstands-kraft. Deshalb ist regelmäßige körperliche Aktivität im Alltag eine wesentliche Voraussetzung für einen guten Allgemeinzustand. Das Blöde daran: Wenn wir nicht müssen, dann bewegen wir uns nicht so gerne.
Das liegt an unserer urgenetischen Ausstattung. Die sieht zwar vor, dass wir Bewegungswesen sind und aktiv sein müssen, um gesund zu bleiben. Sie hat aber auch ein Energiesparmodul eingebaut. Sprich: Wenn wir uns nicht bewegen, brauchen wir weniger Kraft. In Urzeiten, als Nahrungsbeschaffung noch ein sehr

anstrengendes Geschäft war und der Mensch oft auch hungern musste, bis es wieder etwas zu beißen gab, war dies sinnvoll. Heute, wo wir 24/7 an Essen und Trinken herankommen, ohne uns auch nur einen Schritt aus der Tür zu bewegen, ist das eher fatal. Nicht nur, weil nicht bewegen dafür sorgt, dass wir unsere Fettreserven am Körper ausbauen (Stichwort: Gewichtszunahme), sondern auch, weil die Psyche leidet.

Bewegung dagegen – das wissen Sportmedizinerinnen und Ärzte heute aus zahlreichen Untersuchungen – hält uns auf allen Ebenen, von Kopf bis Fuß gesund und kann wie ein Heilmittel wirken. Unser Gehirn liebt und benötigt körperliche Aktivität, dann sind wir ausgeglichen und hellwach. Stresshormone werden abgebaut, unser Körpergefühl hat etwas davon und damit auch unser Selbstwertgefühl. Denn Ihr Körper zeigt Ihnen in Bewegung, wozu Sie alles in der Lage sind. Wenn wir unsere Muskeln spielen lassen, wirkt das nicht nur auf den Bewegungsapparat, das Herz-Kreislauf-System und die Immunabwehr, sondern auch auf die Hormone und das Nervensystem und damit auf die Gehirnfunktion und die Psyche. Dass wir uns trotz unserem Hang zum Energiesparen bewegen wollen, können wir bei Kindern sehen. Sobald sie können, hüpfen, rennen und toben sie herum (um sich anschließend auch wieder auszuruhen). Wenn Sie also täglich aktiv sind, tun Sie viel für sich und Ihre Psyche. Diese Erkenntnisse sind mittlerweile auch wissenschaftlich fundiert. So ist Bewegung in der Therapie von Depressionen und anderen psychischen Erkrankungen mittlerweile ein genauso wichtiger Pfeiler wie die Einnahme von Medikamenten.

Alleskönner Yoga

Ein Liebling der Sportmediziner und Psychologinnen ist körperorientiertes Yoga. In zahlreichen Studien konnte gezeigt werden, dass Yoga ein extremes Heilungspotenzial hat für Körper Geist und Seele. Schon in den 1960er-Jahren berichtete die Neurobiologin Mariella Fischer-Williams, dass Yoga Patienten von chronischem Schmerz befreien kann. Knapp zehn Jahre später zeigte eine im Fachblatt *Lancet* veröffentlichte Untersuchung, dass Yoga nicht nur viel besser den Blutdruck senkte als körperliche Schonung, sondern dass auch das Gedächtnis trainiert wird und die Übungen bei Depressionen und Ängsten helfen. In der Herzmedizin (Kardiologie) ist Yoga seit vielen Jahren eine anerkannte Therapie. Man hat die Qual der Wahl: Es gibt sehr viele Yoga-Formen, ruhige wie Yin Yoga und solche, die einen richtig ins Schwitzen bringen, wie Bikram. Doch egal, welche wir üben, jede davon hat das Zeug dazu, nachhaltig das Gehirn zu verändern, sofern wir es regelmäßig tun. Heute ist die Wirkung von Yoga auf unser Hormonsystem gut dokumentiert, auch eine Verringerung des Stresshormons Cortisol und eine Erhöhung von Serotonin und Melatonin (das eine ist wichtig für die gute Laune, das andere für den Schlaf) wurden belegt, genauso wie die

Senkung von Entzündungswerten und eine Verbesserung der Immunabwehr. Die Forscherin Marcy McCall von der Oxford University zeigte in ihrem Studienvergleich »How might Yoga work?« auch, dass regelmäßiges Üben mehr Zufriedenheit und Selbstbewusstsein sowie eine verbesserte Selbstkontrolle, weniger Stress und mehr Wohlbefinden bringt. Zwei Untersuchungen eines Forschungsteams um Prof. Andreas Michalsen von der Charité in Berlin, die 2012 veröffentlicht wurden, bestätigten die stressreduzierenden und psychologisch günstigen Ergebnisse auf die Teilnehmerinnen. Auf der Karte 13 finden Sie drei Asanas, die Ihr Immunsystem ankurbeln und Sie auf andere Gedanken bringen.

Einfach in Bewegung bleiben

Neben Sport bietet auch der Alltag viele Möglichkeiten, körperlich aktiv zu werden. Alle Alltagsaktivitäten, die etwas anstrengender sind, sind gut für Körper und Psyche: Bei der Gartenarbeit, beim Fensterputzen oder wenn wir mit dem Rad zur Arbeit fahren, kommen wir nach und nach wieder ins Gleichgewicht. Sie können auch Schritte sammeln, indem Sie viel zu Fuß erledigen, Treppen steigen, einfach mal drei Minuten auf der Stelle laufen oder Hampelmänner hüpfen (hilft auch gut in akuten Stresssituationen). Unsere Vorfahren haben schließlich auch keinen Sport getrieben, sondern nichts anderes getan, als jeden Tag zu gehen, so weit ihre Füße sie getragen haben.

EMBODIMENT: BRUST RAUS, GUTE LAUNE AN

Der Körper gilt als Spiegel der Seele in der Wissenschaft der Psychosomatik. Dieses Konzept geht davon aus, dass unsere Erfahrungen einerseits im Gehirn, andererseits aber auch auf Körperebene, in jeder einzelnen Zelle, gespeichert werden. Leidet unsere Psyche, sendet der Körper Anzeichen, zum Beispiel Muskelverspannungen, Kopf- oder Rückenschmerzen oder auch nur bestimmte Körperhaltungen. Das heißt nichts anderes, als dass unser Körper ausdrückt, wie es uns geht. Wenn unsere Psyche schwächelt oder wir emotional angeschlagen oder gar krank sind, leidet der Körper immer mit. Die Wechselwirkung zwischen unserem Organismus und dem bewussten Denken nennen Psychologen Embodiment (deutsch: Verkörperung). So lassen wir beispielsweise die Schultern hängen, wenn wir müde und energielos sind, und die Mundwinkel gehen ebenfalls auf Talfahrt.

Dabei handelt es sich aber nicht um eine Einbahnstraße, Embodiment funktioniert auch andersherum: Über die Körperhaltung, die wir bewusst einnehmen, können wir auch unsere Psyche und damit unsere Stimmung und unseren Kräftehaushalt beeinflussen. Eine der einfachsten Übungen hierzu ist das Lächeln. Sobald man die Mundwinkel nach oben zieht und ein erst mal noch gar nicht »echtes« Lächeln zeigt, stellt sich ein positiveres Gefühl ein. Wenn sich negative

Gedanken nicht einfach »wegbewegen« und uns versteifen lassen, dann kann es helfen, bewusst die Schultern zu lockern und sich aufrecht hinzustellen. Ein anderes Beispiel sind Praktiken wie Yoga oder Qigong. Da diese sehr körpernah sind und die Aufrichtung beim Üben eine wichtige Rolle spielt, wirken die Bewegungsabläufe auch entspannend und nachweislich stimmungsaufhellend. Eine »gute« Haltung lohnt sich also immer in zweierlei Hinsicht, für den Körper und die Psyche.

Um in kräftezehrenden Situationen Embodiment zu nutzen, ist es wichtig, rechtzeitig körperliche und psychische Signale zu deuten, wenn einmal alles zu viel wird. Auch dabei helfen Ihnen die Karten und das Booklet: Um mehr Aufmerksamkeit zu entwickeln, sobald sich ein Krafträuber nähert, und wie Sie sich dann behelfen können (→ Karte 19).

ATEM SCHÖPFEN, ENERGIE TANKEN

Wollen Sie wissen, wo sich die zuverlässigste Energiequelle befindet, die Ihnen jederzeit zur Verfügung steht? Sie steckt wie so viele andere in Ihnen selbst, allerdings ist sie relativ unscheinbar. Denn wir zapfen diese Energiequelle ständig an, ohne es zu merken. Atmen funktioniert automatisch, sobald wir auf die Welt kommen. Atem ist Leben. Ohne Luft können wir nur kurze Zeit überleben, im Gegensatz zu Wasser oder Nahrung.

Betrachtet man den Atemvorgang auf der körperlichen Ebene, so nehmen wir mit dem Einatmen Sauerstoff auf, mit dem in den Zellen Energie hergestellt wird. Beim Ausatmen geben wir Kohlendioxid ab. Das Ganze nennt man Gasaustausch. Weil wir Sauerstoff nicht speichern können, müssen wir ständig atmen. Aber wie alles in unserem Leben hat Atem nicht nur diese körperliche Seite, sondern auch eine geistige, psychische. Das merken wir, wenn wir unter Stress oder in Panik plötzlich ganz flach und hektisch atmen oder sogar die Luft anhalten. Sobald wir tiefenentspannt sind, läuft es dagegen ganz anders: Wir atmen in Brust und Bauch tief und ruhig ein und genauso wieder aus – sogar mit kleinen Pausen.

Viel mehr als nur ein und aus

Das Gute daran: Der Atem ist die einzige Grundfunktion des Körpers, die wir aktiv steuern können. Beim Herzschlag oder bei der Verdauung geht das beispielsweise nicht. Wir können ganz bewusst in den Bauch atmen, was wir daran merken, dass sich beim Einatmen die Brust und das Zwerchfell heben (und die Bauchdecke gleich mit) und beim Ausatmen wieder sinken. Wir können auch bewusst das Tempo reduzieren und lange, tiefe Atemzüge nehmen, wenn uns danach ist. Oder wir verlängern das Ausatmen, entlassen so bewusst Kohlendioxid aus dem Körper und schaffen zugleich mehr Raum für neue Energie und einen frischen, tiefen Einatemzug. Auf diesem Weg lässt sich nicht nur Gas austauschen, sondern auch das vegetative Nervensystem direkt beeinflussen. Bei Stress wird der Sympathikus besonders aktiviert, der für Herzrasen oder Blutdruckanstieg sorgt sowie einen beschleunigten Atem. Indem wir hier das Tempo herausnehmen und ruhig atmen, aktivieren wir den Gegenspieler des Sympathikus, den Vagus, unseren Entspannungsnerv. Dadurch haben wir ein ausgezeichnetes Instrument zur Verfügung, um bei Stress, aber auch bei Energiemangel auf direktem Weg etwas für unser Wohlbefinden zu tun. In den großen asiatischen Heilsystemen wird der Atem mit Lebensenergie gleichgesetzt. Hier kennt man zahlreiche Atemübungen, die sich bewährt haben, um besser zur Ruhe und ins Hier und Jetzt zu kommen oder sich zu entspannen und Angst- und Panikattacken auszubremsen. Nutzen Sie Ihren Atem öfter bewusst für ein Extrakraftgeschenk an sich selbst!

SEELENKRÄUTER AUS DER PFLANZENAPOTHEKE

Seit Jahrhunderten verwenden Menschen Heilpflanzen, um Krankheiten zu kurieren. Schon zur Zeit der alten Ägypter, Griechen und Römer sowie im China der Kaiserzeit kannten Heilkundige einen großen Kanon an heilkräftigen Blättern, Blüten, Wurzeln und Rinden. Ihre Wirkung wurde von Generation zu Generation weitergegeben, einen besseren Nachweis für ihre Wirksamkeit gibt es wohl kaum. In unseren Breiten wurde das Wissen um heilkräftige Pflanzen aus den Klöstern des Mittelalters überliefert. In der Hildegard- oder später auch der Kneipp-Medizin bildet diese Pflanzenheilkunde eine wichtige Säule zur Behandlung von körperlichen und seelischen Erkrankungen. Im Unterschied zu biochemisch hergestellten Medikamenten, die oft auf nur einem Wirkstoff aus der Natur beruhen oder Naturstoffen nachempfunden wurden, liegt die Wirksamkeit bei pflanzlichen Heilmitteln fast immer im Zusammenspiel unterschiedlicher Inhaltsstoffe, Mediziner nennen sie Vielstoffgemische. Mittlerweile gibt es immer mehr wissenschaftliche Studien zur Pflanzenapotheke. Durch die moderne Wissenschaft wächst das Verständnis für die biochemischen Wirkmechanismen, und naturheilkundliche Universitätskliniken belegen viele schon lange bekannte Wirkungen.

NATUR HILFT HEILEN

So gibt es heutzutage für viele Medikamente eine naturheilkundliche Alternative. Oft besteht sie aus Zusammenstellungen von mehreren Kräutern oder bewährten Anwendungen. Bei Erkältungskrankheiten oder Magen- und Darmerkrankungen können sie Antibiotika überflüssig machen, bei Schmerzen oder

Schlafstörungen die chemischen Medikamente ersetzen. Es gibt auch einige sehr potente Heilpflanzen und ätherische Öle, die bei Erschöpfung und Energiemangel, Schlafstörungen und depressiven Verstimmungen lindernd und heilsam wirken. Sie können alleine wirken oder auch begleitend zu anderen Therapien eingenommen werden. In diesem Kartenset finden Sie einige bewährte Helfer aus der Pflanzenapotheke (Karten 1, 2, 6, 10, 14, 16, 18).

Sanft zur Ruhe kommen

Schlaf ist eine der wichtigsten Energietankstellen für uns. Nur in dieser Phase können sich unser Gehirn, alle Körperzellen und das Immunsystem erholen und Heilprozesse stattfinden. Wenn wir auf Dauer nicht genug oder schlecht schlafen, sind wir viel schneller erschöpft und kraftlos, unser Gehirn ist müde, wir sind gereizt und unkonzentriert, werden leichter krank. Umgekehrt kann Nervosität auch beim Einschlafen hindern. Bewährte Heilpflanzen bei jeder Form von Schlafproblemen sind Baldrian, Hopfenzapfen, Melisse, Lavendel oder Passionsblume. Wir können sie als Teeaufguss trinken oder in Form von Kräuterkissen, zur Inhalation oder in Bädern einsetzen.

Ätherische Öle aus Rose oder Vanille entspannen strapazierte Nerven und wirken darüber einschlaffördernd. Sie können für Bäder, zur Raumbeduftung oder auch zusammen mit Mandel- oder Jojobaöl als Massageöle verwendet werden.

Für Baldrian und Lavendel ist die Studienlage am besten. Die Inhaltsstoffe der ätherischen Öle hemmen bestimmte Botenstoffe im Gehirn und wirken dadurch beruhigend.

Da pflanzliche Beruhigungsmittel an unterschiedlichen Stellen im Zentralnervensystem wirksam sind, gibt es sie oft als Kombinationspräparate: Baldrian wird zum Beispiel gerne mit Hopfen und Melisse gemischt. Substanzen aus der Hopfenblüte können den Schlaf-wach-Rhythmus positiv beeinflussen, weshalb bei dieser Pflanze eine ähnlich beruhigende Wirkung vermutet wird wie beim Schlafhormon Melatonin.

Auch Melisse oder Passionsblume entspannen und beruhigen. Durch die gezielte Mischung lässt sich die Wirkung der Pflanzen noch verstärken (potenzieren). Allerdings ist eine regelmäßige Anwendung erforderlich (meistens über zehn Tage bis zwei Wochen), bis sich die volle Wirkung zeigt (→ Karte 10).

Auch für den Effekt der ätherischen Öle des Lavendels liegen anerkannte Studien vor, die seine Wirksamkeit gegen Schlaf- und auch Angststörungen eindeutig belegen. Die Wirkung der lila Blüten, die nach Urlaub am Mittelmeer duften, ist sogar mit einem chemischen Schlafmittel (Benzodiazepin) vergleichbar. Im Gegensatz zu diesem macht Lavendel aber nicht abhängig und wirkt außerdem noch gegen angstvolle Gedanken. Eines der stärksten Hausmittel bei Erkältung und Fieber ist die Lindenblüte. Weniger bekannt, aber richtig guttuend ist sie in einem Lindenblütenkräuterbad. Denn sie hilft auch gegen Stress und Unruhe

(→ Karte 14), da sie durch ihren Duft entspannend auf das Zentralnervensystem wirkt.

Grüne Stimmungsaufheller

Depressive Verstimmungen sind manchmal auch eine Folge von Erschöpfung. Bei leichten bis mittelschweren depressiven Episoden können Phytopharmaka, also pflanzliche Arzneimittel, die entgleisten Gehirnfunktionen gut unterstützen und belasten dabei kaum mit Nebenwirkungen. Am besten untersucht von allen antidepressiv wirkenden Pflanzen ist in Deutschland das Echte Johanniskraut. Es enthält einen Mix aus Inhaltsstoffen, vor allem Hyperforin und eine Gruppe bioaktiver Pflanzenstoffe (Flavonoide). Ähnlich wie bei der Einnahme von chemisch-synthetischen Antidepressiva erhöhen sie die Konzentration bestimmter Botenstoffe (Neurotransmitter) im Gehirn, die positiv auf die Stimmung und die Motivation wirken. Deshalb ist Johanniskraut hoch dosiert die erste Wahl, wenn sich Depressionen festzusetzen scheinen. Grundsätzlich ist die Pflanze gut verträglich, trotzdem kann es zu einer Überempfindlichkeit gegen Sonnenlicht und Wechselwirkungen mit Medikamenten kommen.

Auch Safran werden antidepressive Wirkungen zugeschrieben. Die Blütenfäden senken übermäßige Stresshormone und schützen die Nervenzellen. Bei leichten und mittelschweren Depressionen wird in Kanada Safran sogar in den ärztlichen Richtlinien der ergänzenden Heilmethoden empfohlen. Helmkraut wiederum, ein in der traditionellen chinesischen Medizin hochgeschätzter Tee, mildert Ängste und Stress und kann ebenfalls die Stimmung verbessern.

Aromatische Wachmacher

Müde und am Ende? Unser Körper zeigt uns ganz deutlich, wenn seine Belastbarkeitsgrenzen erreicht sind. Hier helfen eine angepasste Ernährung, Bewegung, die zugleich entspannt, und ausreichend Schlaf sowie gezielte Entspannungsübungen. Begleitend können zum Auftanken auch Heilkräuter in verschiedenen Zubereitungen eingesetzt werden. Dazu gehören zum Beispiel Wermut, Ingwer, Rosmarin und Enzian. Aber auch Vanille, Angelikawurzel, Grapefruit, Rosenholz oder Lemongrass aktivieren, beleben und stärken die Nerven. Sie können zum Beispiel in einem Fußbad (→ Karte 18) oder zur Raumbeduftung eingesetzt werden.

Wichtig: Viele Ärztinnen und Ärzte kennen sich auch mit pflanzlichen Arzneimitteln gut aus. Sollten Sie an anhaltenden oder chronischen Beschwerden leiden, suchen Sie nach den richtigen Arzneien gemeinsam mit Ihrem Arzt. Er hat noch Zugriff auf andere, stärker wirksame pflanzliche Arzneien, die durchaus auch Nebenwirkungen haben können und in die Hände einer erfahrenen Naturheilärztin gehören.

NATUR PUR

Draußen essen mit Blick auf die Bäume, im Kräuterkasten auf dem Balkon buddeln, am Fluss entlangspazieren oder durch den Wald stromern. Natur wirkt immer, und zwar richtig gut. Forschende aus Finnland haben herausbekommen, dass Menschen, die drei- bis viermal pro Woche im Park spazieren gehen, einen Zoo besuchen oder durch Wald und Wiesen laufen, ihr Risiko, Medikamente einnehmen zu müssen, um ein Drittel mindern. In der Studie mussten die Teilnehmenden Fragebogen ausfüllen, auf denen sie notierten, welche Tabletten sie gerade einnahmen, beispielsweise gegen Schlafstörungen, Ängste, Bluthochdruck oder Depressionen. Das Ergebnis las sich dann in etwa so: Je mehr sich ihr Alltag in der Natur abspielte, desto mehr konnten die Teilnehmer Tabletten reduzieren. Natur wirkt noch besser als alle anderen empfohlenen Maßnahmen zur Stressreduktion (→ Karte 5). Diese Erkenntnis deckt sich mit zahlreichen anderen Studien, die gezeigt haben, dass es uns besser geht, wenn wir auf Pflanzen gucken oder Vögel zwitschern hören, wenn wir im Wald »baden«, uns mit Tieren beschäftigen (→ Karte 9) oder auf einer Bank im Stadtpark sitzen. All diese Kraftorte sind kostenfrei und jederzeit zu haben, zaubern anstrengende Gefühle weg, machen glücklich, und man fühlt sich eingebettet in das große Ganze und gleich nicht mehr so einsam. Das ist umso bedeutsamer, je mehr sich unser Alltag in naturfernen Umgebungen abspielt.

Die Psyche atmet auf

Der große deutsche Naturforscher Alexander von Humboldt schrieb schon 1845 in seinem spannenden Werk *Kosmos,* dass die Natur »sich im Innern der Menschen spiegelt«. Ihm war auf seinen unzähligen Reisen durch die verschiedensten Naturlandschaften der Welt klar geworden, dass die Natur in uns intuitive Prozesse auslöst und zu Erkenntnissen führt, die wir mit unserem Innersten verbinden können. Wie Wälder, das Meer, Seen, Berge und Landschaften auf die Psyche wirken, haben vor allem Wissenschaftler aus den USA erforscht. Sie sind Pioniere auf diesem Gebiet. Ursprünglich sollten sie herausfinden, wie Übernachtungsmöglichkeiten und Wege in den riesigen Naturparks angelegt sein sollten, damit sich die Besuchenden alle möglichst wohlfühlen. Bei ihren Untersuchungen stellten die Wissenschaftler fest, dass sich bei den Gästen der Naturparks Puls und Blutdruck stabilisierten, das Stresshormon Cortisol abgebaut wurde, der Herzrhythmus flexibler auf Belastungen reagierte, kurz, sie sich entspannten. Hinzu kam, dass sich schon nach wenigen Minuten Aufenthalt in der Natur die Stimmung hob und die Konzentrationsfähigkeit anstieg. Generell fanden die Forschenden auch heraus, dass die Naturerlebnisse toleranter machten, die Teilnehmenden kamen mit Frusterlebnissen besser zurecht, und sie verhielten sich sozialer. Auch aktuelle Studien zeigen, dass Menschen, die viel Zeit in der Natur verbringen, sich weniger depressiv, weniger ängstlich und weniger einsam fühlen. Möglicherweise hilft die Natur uns dabei, das negative Gedankenkarussell und Grübeln zu stoppen.

Um diese Wirkung zu verspüren, muss man übrigens noch nicht einmal ins Freie. Es reicht offenbar schon aus, ins Grüne zu blicken oder Fischen in einem Aquarium zuzusehen. Natur bewusst wahrzunehmen ist eine Wohltat für Körper, Geist und Seele (→ Karte 5).

Wasser marsch!

Dass auch Sebastian Kneipp dies schon zu Lebzeiten wusste, spricht für sein umfassendes Verständnis von Gesundheit. Nach seinem Credo ist die Natur die beste Apotheke.

> *»In der Natur erholen wir uns nicht nur schneller,*
> *wir werden auch seltener krank, wenn wir uns*
> *regelmäßig in der Natur aufhalten.«*

Besonders angetan hatte dem Gesundheitspionier neben Heilpflanzen und Barfußlaufen das Element Wasser. Sebastian Kneipp machte die Beobachtung, dass kühles Wasser (16–17 °C regelmäßig in Güssen angewendet, den Stoffwechsel aktiviert, den Kreislauf stabilisiert und das Immunsystem anregt (→ Karte 12). Belegt wurde die Wirkung durch Studien an der Universität Jena und eine Beobachtungsstudie an der Essener Klinik für Naturheilkunde.

ICH DENKE, ICH BIN STARK

Gefühle und Gedanken bestimmen unser Leben, und sie hängen eng miteinander zusammen. Das eine kommt nicht ohne das andere aus, sie sind lebenswichtig, aber auch bestimmend für uns und unsere Laune, weil wir durch sie unseren Alltag erleben. Im Grunde bestimmen sie alles, was wir tun – unser Verhalten. Dabei machen wir beides – Fühlen und Denken – meistens unbewusst, obwohl sie so entscheidend sind für unsere Entscheidungen, wie wir unseren Alltag erleben und gestalten. Gedanken kreisen, tauchen auf, verschwinden wieder, und wir merken nicht, dass sie unsere Gefühle kreieren. Meist denken wir so schnell (oder so unterbewusst), dass wir gar nicht merken, dass ein Gefühl daraus entstanden ist. Zum Beispiel, wenn wir uns über das Verhalten unseres Partners ärgern und der Klumpen im Magen immer größer wird oder wenn wir Angst machende Nachrichten schauen und uns danach verzweifelt in unser Schneckenhaus zurückziehen.

Welchen Gedanken und Worten wir in unserem Leben Raum geben, ist ausschlaggebend dafür, ob Freude, Trauer, Angst oder Wut unser Leben bestimmen. Wenn wir zum Beispiel Angst vor einer Fahrstuhlfahrt haben und diese meiden, greifen ein Gefühl und ein Verhalten ineinander. Genauso ist es andersherum, wenn wir uns Mut zusprechen, unsere Gedanken uns psychisch stützen und wir so in schwierigen Situationen das Problem lösen können. Von dem römischen

Philosophen Epiktet ist überliefert, dass es nicht die Dinge sind, die uns Menschen zu schaffen machen, sondern wie wir sie sehen.

Da ist viel Wahres dran, denn wenn wir an etwas Schönes denken, geht es uns meistens gut oder zumindest besser. Sobald wir aber darüber nachdenken, was momentan alles schiefläuft, geht die Laune langsam, aber sicher in den Keller – egal, ob die Sonne scheint und andere Leute nett zu einem sind. Oft hilft es schon, sich diesen Zusammenhang klarzumachen, damit wir uns bei negativen Gefühlen leichter beruhigen oder umstimmen können. Was auch hilft, ist zu wissen, dass unsere Gedanken nicht immer die Wahrheit spiegeln. Sie sind vielleicht für uns wahr, für andere aber eben nicht.

Manchmal sind Gedankenmuster über Jahre fest eingefahren und hindern uns dann regelrecht daran, uns besser oder stärker zu fühlen.

Hier kann es hilfreich sein, Muster zu erkennen und zu verbannen für ein leichteres Leben! Manchmal hilft es aber auch schon, einfach mal die Perspektive zu wechseln, wenn zu viele negative Gefühle die Sicht vernebeln (→ Karte 3).

Bewusst (um-)denken

Aus psychologischer Sicht helfen deshalb auch Gedanken, mit denen wir uns gezielt aufmuntern. So sind sogenannte positive Affirmationen hilfreich, um sich von innen zu stärken (→ Karte 7). Allerdings hilft der (gedachte) Satz »ich bin liebenswert« auch nur, wenn wir ihm Raum und Zeit geben. Auch wenn es immer wieder Zweifel geben wird, bleiben Sie dabei, denn eine positive Sicht auf sich und Welt ist definitiv ein Kraftmacher. Außerdem ist es hilfreich, sich zu fragen, welche guten Seiten unser Alltag oder bestimmte Situationen für uns haben. Übungen und Techniken zur Selbstreflexion, Tagebuch schreiben, sich klarzumachen, wofür man alles dankbar sein kann (→ Karte 21), sind hier gute Werkzeuge, um eingefahrene Denkbahnen aufzubrechen. Wenn man dies regelmäßig übt, kann man sich die Macht über seine Gedanken und Gefühle wieder zurückerobern und neue Denkbahnen im Gehirn ebnen.

Was übrigens leider nicht geht: unangenehme Gefühle komplett zu vermeiden und nur noch Freude und Glück empfinden zu wollen. Wer Angst, Wut und Trauer aus seinem Leben verbannt, verpasst große Chancen zu innerem Wachstum, zum Leben von Empathie, zum Sich-nahbar-und menschlich-Fühlen. Es ist also gut, wenn wir lernen, welche Kraft unsere Gedanken und Gefühle haben. Der Schlüssel liegt darin, dass wir ihnen nicht immer uneingeschränkte Macht einräumen. Es lohnt sich, bestimmte wiederkehrende Gedanken zu hinterfragen, vorzugsweise solche, die einem das Leben schwer machen und einem Energie rauben. Wenn wir also denken »Ich bin das nicht wert« oder »Niemand kann mich lieben«, ist ein

Reality-Check angesagt. Wir erweitern den Gedanken dann um »Ich denke, ich bin das nicht wert, aber ich weiß, dass das oft auch anders ist«.

Sich Gutes tun

Es ist nicht so einfach, sein Leben – abrakadabra – auf einmal zu ändern, aber es ist möglich. Stetig und beständig. Unser Verhalten ist genauso machtvoll wie unsere Gedanken und Gefühle. Jede kleine Änderung zum Besseren macht uns stärker und befördert damit den positiven Weg. Aktivitäten, die uns Spaß machen und die uns wichtig sind, helfen uns außerdem, in Krisenzeiten herumschweifende Gedanken besser im Griff zu behalten. Probieren Sie es mal mit stricken (→ Karte 8), glückliche Momente sammeln (→ Karte 4), andere Menschen liebevoll beschenken (→ Karte 20), sich durch Selbsthypnose ein besonderes Kraftgeschenk machen (→ Karte 15). Legen Sie einfach los – all die Tipps sind dazu da, Ihnen zu helfen, sich an die Hand zu nehmen und sich dadurch besser zu fühlen!

HILFREICHE ADRESSEN

Es gibt auch Situationen, da reichen die eigenen Kräfte und Maßnahmen zur Selbsthilfe einfach nicht aus. Dann braucht es einfach noch mehr. Zögern Sie nicht, sich helfen zu lassen:

Hier finden Sie professionelle Unterstützung:
www.bptk.de
www.psychotherapiesuche.de
www.therapie.de

Bei Kummer, Einsamkeit, Depressionen, Krankheit, Trauer oder Ärger:
Telefonseelsorge:
0800 1110111
0800 1110222
Chat unter: telefonseelsorge.de

Für Kinder und Jugendliche:
erreichbar montags bis freitags 9–11 Uhr
sowie dienstags und donnerstags 17–19 Uhr
Nummer gegen Kummer
11 6 111 (Kinder und Jugendliche)
0800 111 0 333
0800 111 0 550 (Eltern)
Mailberatung:
www.u25-deutschland.de
www.jugendnotmail.de

Für Menschen über 60:

täglich 8–22 Uhr

www.silbernetz.org

0800 470 80 90

Bei Burn-out und Traurigkeit:

»Lachen auftanken« am
Lachtelefon

02131 7734 152

Hilfe bei Angst und Panik:

Deutsche Angstselbsthilfe (DASH)

www.angstforschung.org

www.angst-und-panik.de

www.leben-mit-angst.de

www.keine-panik.org

Hilfe bei Depressionen:

www.deutsche-depressionshilfe.de

Bei Suizidgedanken:

Rufen Sie bitte die 112 an für den ärztlichen Notdienst,
begeben Sie sich in die nächste psychiatrische Klinik
oder wenden Sie sich an Telefonseelsorge,
Krisentelefone oder den Sozialpsychiatrischen Dienst.

www.suizidprophylaxe.de

Hilfe bei Schlafstörungen:

https://www.dgsm.de

Achtsamkeitskurse:

Verband der Achtsamkeitslehrenden MBSR-MBCT
www.mbsr-verband.de
MBLM (Meditationsbasierte Lebensstilmodifikation)
Infos unter: info@carstens-stiftung.de

Muslimisches Seelsorge-Telefon:

www.mutes.de
030 44 35 09 821

HINWEIS:

Alle in diesem Booklet vorgestellten Anwendungen, Rezepte,
Übungen und Tipps wurden sorgfältig recherchiert, sind von
der Autorin persönlich erprobt und vom Verlag sorgfältig geprüft.
Da jede Leserin und jeder Leser besonders ist, sollten Sie selbst
entscheiden, inwieweit Sie die Ratschläge umsetzen möchten.
Autorin und Verlag übernehmen keine Haftung für die Ergebnisse oder eventuell daraus resultierende Gesundheitsschäden.

Dr. med. Franziska Rubin

7 Minuten am Tag
endlich kraftvoll und gelassen

Was die Seele stark macht

7 Minuten am Tag reichen aus, um Ihrer Seele etwas Gutes zu tun, Ihre Nerven und Ihr Immunsystem zu stärken und wieder zu Kraft zu kommen. Die Bestsellerautorin und Naturheilkunde-Ärztin Dr. Franziska Rubin hat in ihrem neuen Gesundheitsratgeber ein Programm für jeden Tag aus wissenschaftlich geprüften Rezepten und kurzen Wohlfühlübungen speziell für die Psyche zusammengestellt.

Nutzen Sie die mehr als 50 Kraftmacher und zahlreiche erprobte Extratipps, um sich zu entlasten, Ihre Batterien wieder aufzuladen, Glücksmomente in Ihr Leben zu holen und so seelisch gewappnet zu sein für die Herausforderungen Ihres Alltags. Mit dabei:

- Seelentröster gegen Ängste und Sorgen
- Schutzschilde gegen Burn-out und Stress
- Tankstellen gegen Erschöpfung und Infektanfälligkeit
- Glücksgaranten gegen negative Sichtweisen und Antriebslosigkeit